Sinossi

Papa Francesco nella sua prima enciclica la Lumen Fidei, descrive il Decalogo (i 10 Comandamenti) come:"un insieme di indicazioni concrete, per uscire dal deserto dell' io autoreferenziale, chiuso in se stesso, ed entrare in dialogo con Dio."(par. 46) E' esattamene quello che in questo libro si sostiene e si spiega.

Le indicazioni contenute nel Decalogo costituiscono: "La più antica ed efficace ricetta della gioia" e, se messe in pratica, sono capaci di vincere lo smarrimento dei valori e di riempire il vuoto esistenziale di oggi.

Attraverso una serie di riflessioni e di esempi, l'autore costruisce una sorta di "Teologia del ragioniere" che arriva alla felice conclusione che: credere conviene… fa vivere bene…qui…oggi.

Quando le note divine, sono capite, meditate e vissute in un contesto di amore, di cordialità e di buon senso, producono frutti certi e abbondanti. E' proprio vero, infatti, che, credere che esiste un Dio creatore, che è bene amarsi come Dio vuole, sposarsi come Dio vuole, lavorare come Dio vuole, fare amicizia, cultura, festa, come Dio vuole, c'è da vivere bene per tutti.

Un clima sereno e cordiale sostiene le argomentazioni di queste pagine e ne rende la lettura soave colorata e accattivante. Consigliabile a tutti.

Ottobre 2016
Isbn 978-88-99187-04-0

Si ringrazia:

Lions Club Valle del Conca

Ottobre 2016

Isbn 978-88-99187-04-0

Gianfranco Vanzini

La ricetta della gioia
ingredienti, dosi, istruzioni

Edizioni la Piazza

A Marco,
figlio, fratello, amico in cielo
e ai miei cari in terra

La gloria di Dio

"Narrano i cieli la gloria di Dio.
Le opere Sue proclama il firmamento.
La Sua legge è in tutto perfetta
e rallegra l'anima mia...
E' per questo che la seguo con gioia,
la Sua parola è più dolce del miele"

Marina Valmaggi
(Salmo 19)

I precetti del Signore fanno gioire il cuore

La legge del Signore è perfetta,
rinfranca l'anima;
la testimonianza del Signore è stabile,
rende saggio il semplice.

I precetti del Signore sono retti,
fanno gioire il cuore.
Il comando del Signore è limpido,
illumina gli occhi.

Il timore del Signore è puro,
rimane per sempre.
I giudizi del Signore sono fedeli,
sono tutti giusti.

Più preziosi dell'oro,
di molto oro fino,
più dolci del miele
e di un favo stillante.

(Salmo 18)

Prefazione

"A conti fatti" dice il Vanzini con il suo libro: "La ricetta della gioia", a conti fatti, è molto conveniente osservare i Comandamenti di Dio, sì, proprio quelli dati sul monte Sinai, incisi su pietra (Es 20,1-31) prima Rivelazione diretta di Dio ad un uomo, dopo il colloquio di Dio con Adamo (Gn 3,9-19), circa 1300 anni prima di Cristo.

Dopo la creazione, un intervento diretto di Dio storicizza e codifica la morale dell'uomo che la creazione aveva inciso nel suo cuore, o meglio nella sua natura, nonostante la prevaricazione della prima coppia che ne aveva oscurato l'evidenza e la pratica.

A che servono i dieci Comandamenti? Si domanda il Ragioniere. E risponde: *"A vivere meglio e a far vivere meglio se stessi e gli altri"*.

Oggi siamo tutti abituati, dalla cosiddetta morale corrente, a valutare le cose a seconda della loro utilità. Allora il Ragioniere, pur dando non pochi colpi d'ala qua e là – guai se non lo facesse - del resto il suo libro vuole risalire ad una Teologia, ma partendo "a posteriori"- fa leva sulla sensibilità moderna per dire che la legge morale – i dieci Comandamenti – valgono e sono utili, ma sono utili perché valgono.

Al concetto utilitaristico, applicato alla legge morale, prima del Ragioniere, ci aveva pensato, con la sua *Ragion pratica*, anche Kant. Non per niente il filosofo tedesco è alla fonte dell'idealismo, ma anche del positivismo che si è poi diluito nel relativismo moderno, perché sganciato dal concetto di natura, che trova fondamento solo nel realismo di Dio e dell'uomo.

Il concetto di *utilità* e fortunatamente anche il concetto di *valore* si alternano continuamente in tutto il libro del Ragioniere.

Alla fine – alla resa dei conti – il Ragioniere ti costringe ad una "evidenza contabile". Il risultato è sommamente positivo, a favore della convenienza di osservare i Comandamenti e cioè della pratica e della vita condotta nella accettazione dei dieci Comandamenti e nello sforzo di adeguarsi ad essi.

Ovviamente il Ragioniere – o Dottore Economista – è un uomo abituato a fare i conti e viene da una regione dove, da lungo tempo, i conti li sanno fare... però il suo positivismo economico riceve un innesto intelligente e codificato nel libro della Genesi e inoculato fin dalla catechesi dell'infanzia in maniera che la Teologia del Ragioniere ottiene un fondamento biblico, ovviamente teologico, e riesce, con i piedi ben piantati a terra, ad elevare il concetto utilitaristico-economico, al concetto del Sommo Valore, che per essere apprezzato e in definitiva amato - ciò che si apprezza si ama – non disdegna di servirsi della ragione umana e di alcune sue categorie, diciamo così, "contabili" per attirare l'assenso e l'adesione della libera volontà.

La deliziosa lettura del libro del ragioniere tende però ad un epilogo, che è, qua e là, abbastanza dichiarato e che può definirsi "a lieto fine". Si tratta del superamento della legge morale dei 10 Comandamenti, cioè di quella legge, incisa nella natura, che Gesù, nuovo e vero legislatore dopo Mosè (pensiamo al ciclo degli affreschi laterali della Cappella Sistina) ha detto di essere venuto non ad abolire (Mt 19,16-22) ma a completare con la legge dell'amore, del dono e della grazia che sarà incisa nel cuore (Ez 11,19-21).

Al giovane che Gesù aveva invitato ad osservare i

Comandamenti e che aveva affermato di averli osservati fin dalla giovinezza (Mt 19,16-22 e soprattutto Mc 10,19-21), Gesù, fissandolo bene negli occhi, lo amò e gli disse: *"Una cosa sola ti manca"*. Lo invitò al distacco dai beni terreni e lo chiamò alla sua sequela che però non ebbe accoglienza da parte del giovane.

Il passaggio dalla legge morale (l'osservanza dei soli Comandamenti) alla legge dell'amore (l'osservanza del Comandamento Nuovo) è necessario per il cristiano battezzato.

Ma tale passaggio richiede una iniziativa del Volto di Cristo (lo fissò e lo amò) che è uno sguardo di misericordia, perdono e amore e richiede l'inserimento della persona nella economia della grazia e dei Sacramenti che ne sono il veicolo e lo strumento in dipendenza della Croce e della Chiesa.

Il comandamento nuovo, quello dell'amore di Dio e del prossimo, contiene tutta la legge e i profeti (Gv 13,34 e Mt 22,35-40), comandamenti del Decalogo compresi.

Se sarà vantaggioso osservare i 10 Comandamenti, come afferma, prova e riprova il ragioniere, immaginiamoci quanto lo sarà amare Dio con tutto il cuore ed il prossimo come se stessi!

Sarà vantaggioso in termini di serenità, di gioia e soprattutto di pace.

E così il Ragioniere si augura che alla "denuncia finale dei redditi" (*Rendi ragione della tua amministrazione* Lc 16,2), la strada dell'osservanza dei Comandamenti, che lui ha descritto come ovvia, positiva e facile risulti anche elogiata e premiata (Mt 25,21-23).

+ Paolo De Nicolò
Vescovo titolare di Mariana in Corsica
Reggente Emerito della Casa Pontificia

11

Presentazione

Gli uomini di tutti i tempi, di tutte le razze, colti o ignoranti, possono convivere grazie alla capacità congenita all'uomo di riconoscere elementi oggettivi comuni. Affermava Giovanni Paolo II nell'*Enciclica Fides et Ratio*: *"A prescindere dalle correnti di pensiero, esiste un insieme di conoscenze in cui è possibile ravvisare una sorta di patrimonio spirituale dell'umanità. E' come se ci trovassimo dinanzi a una filosofia implicita per cui ciascuno sente di possedere questi principi, anche se in forma generica e non riflessa"* (n. 4).

Nonostante oggi ci sia chi vuole un relativismo assoluto, è facile constatare come nei cambi culturali qualcosa rimane immutato. Basti pensare che i figli nascono sempre da una donna e non dall'uomo, con tutto quello che da ciò consegue per il vivere sociale e per i cambi culturali. La cultura diversifica i costumi, ma rimane un sostrato comune. Ugualmente ci sono circa 6.000 lingue sulla terra, ma tutti hanno il linguaggio con alcune articolazioni comuni, come verbi, sostantivi, aggettivi, ecc. L'evoluzione diversifica alcuni aspetti del mondo vitale, ma le leggi della dinamica, senza le quali non sarebbe possibile alcuna evoluzione, non cambiano mai!

Le canzoni sono numerosissime, ma le note da cui sono composte sono sempre 7+5. Così si deve affermare che i 10 comandamenti sono le note di ogni comportamento morale. Con ciò si può ritrovare fiducia nelle semplici e profonde luci della vita.

Sui bisogni più comuni ci si capisce tra tutti i popoli. Tuttavia il bisogno più profondo è quello dell'amore, di essere riconosciuti e apprezzati dagli altri, in un legame sociale che si configura come comunità vitale. Pur di essere apprezzati in questo "gruppo primario", che tutti abbiamo, si è disposti a qualunque sacrificio. Si muore per la famiglia, per la patria, ma anche per Hitler, per Stalin, per Bin Laden, o ci si droga il sabato sera per non essere derisi dai coetanei in un branco che è gruppo primario, dove trovare senso alla propria vita, in un consenso che ha la forza del legame religioso. Dentro il proprio gruppo si accettano dogmi e precetti morali che possono andare contro le verità irrinunciabili. I relativisti, che negano l'esistenza di una morale naturale, valida per tutti e sempre, in realtà sono dei fondamentalisti con tanto di dogma e morale per chi si riconosce nella loro area culturale, e sono senz'altro i più intransigenti verso chi non la pensa come loro.

Dal bisogno religioso non sfugge nessuno, perché è proprio dello spirito umano, ma si può spostare l'assoluto di Dio su realtà parziali. Questo spiega perché può succedere che si neghino verità comuni a tutta l'umanità.

Dovrebbe essere facile percepire che un bambino ha bisogno assoluto, vitale, di avere un padre e una madre; ma la forzatura ideologica può arrivare ad affermare che sia lecita la fecondazione eterologa o l'adozione di bambini da parte di coppie omosessuali.

I giovani a scuola sono indotti a liberarsi da ogni autorità. La figura del padre è in crisi da vari decenni. Si fa credere loro che devono scegliere da soli il loro destino, in mezzo ad un relativismo evanescente dove tutto può essere vero o falso, a piacere. E si finisce per perdere ogni certezza, ogni pietra su cui appoggiare il piede, con crescente disagio esistenziale. Una foresta invasiva di comunicazioni produce tale inflazione del sapere da provocare un vero analfabetismo esistenziale, dove si vive a casaccio, senza più *istruzioni per l'uso*, salvo sposare ciecamente le imposizioni del gruppo di riferimento.

Dio ha creato il mondo con sapienza e amore. Se si vive come Dio vuole si scoprono cose bellissime. Non solo i colori e i sapori ricchissimi del creato, ma i beni familiari, sociali, spirituali, emotivi, intellettuali, ecc. di cui siamo dotati.

Prendete l'amore umano; Dio, quando creò l'uomo e la donna, vide che era "molto buono", e cioè una cosa bellissima. Ugualmente genitori, figli e nipoti. A vedere come Dio li ha fatti c'è da impazzire dalla gioia, da correre per le piazze ed annunziarlo a tutti. Eppure oggi, con tanta confusione ideologica, con tanta presunzione di fare da sé, con le fasulle sirene di questo mondo e con lo sconvolgimento morale di attività sessuali legalizzate anche fuori dal matrimonio, proprio l'amore umano è diventato la fonte più perniciosa di sofferenze inaudite, che neppure le guerre e le epidemie possono uguagliare. L'amore rifiutato è la sofferenza più acuta tra tutte.

Per conoscere e illuminare il vero amore e la vera chiesa occorre rifarsi alla rivelazione divina e concretamente a Gesù. Ma anche la ragione e la vita civile hanno una conferma rivelata da Dio, per quanto riguarda i capisaldi del comportamento morale, nei dieci comandamenti dettati a Mosè.

Tutti sanno che non è giusto rubare. Perfino i ladri lo sanno: guai se tra di loro si ruba! Ma in quanto il riconoscimento tra di loro avviene attraverso "prestazioni" di abilità furtiva, il loro cuore giustifica il furto ad altri. Tutti concordono che non è giusto uccidere, però il cuore dei nazisti giustificava l'uccidere gli Ebrei, per avere consenso all'interno del gruppo primario nazista. E così si spiegano tante aberrazioni nell'ambito di "chiese" mal riuscite. Solo se si capisce che il condizionamento del gruppo non deve essere più forte della razionalità innata, è possibile riabilitare pienamente la conoscenza sensata, comune a tutti gli uomini, quella che potremmo tentare di definire come il comune buon senso, buono perché di origine divina, comune perché accessibile a tutti e farne la base di una convivenza cordiale e anche felice.

Leggendo in anteprima le considerazioni di Vanzini, ho

ritrovato la forza meravigliosa delle verità semplici e profonde che reggono la vita e il profumo della creazione divina di tutto ciò che è umano. È proprio vero che a sposarsi come Dio vuole, a lavorare come Dio vuole, a far festa, amicizia, cultura, come Dio vuole, c'è da vivere bene per tutti: *Basterebbe essere un po' più attenti a seguire le indicazioni che Dio ci ha dato per essere felici... qui oggi,* giustamente si ripete nel libro.

L'ostacolo più sottile per la morale naturale è il moralismo, gente che si appropria dei comandamenti e giudica le persone e non solo il bene e il male. Occorre presentare le note divine con la musica dell'amore, del buon senso, della cordialità. Questo clima sereno e cordiale sostiene le argomentazioni di questo libro, ne rende la lettura soave e accattivante, consigliabile a tutti.

Ugo Borghello

Don Ugo Borghello (Novi Ligure 1936). Dopo aver conseguito il dottorato in Diritto canonico all'Angelicum di Roma (1958), si è laureato in Scienza dell'informazione all'Università di Navarra (Pamplona 1961). Poco dopo viene ordinato sacerdote. I suoi scritti per giornali e riviste vertono sui temi della Risurrezione, della festa, della famiglia, sul fenomeno intellettuale della gnosi e sui problemi giovanili.
Ha pubblicato. Nel 1983 il volume: "Ernst Bloch, ateismo nel cristianesimo". Con le Edizioni Ares: "La sfida dell'amore. Perché essere cattolici fin da giovani" (2000, con presentazione del cardinale Giacomo Biffi), "Liberare l'amore. La comune idolatria, l'angoscia in agguato, la salvezza cristiana" (2009, con prefazione di Bruno Forte), "Le crisi dell'amore. Prevenire & curare i disagi familiari" (2009) e "Liberi dal sarcasmo. Come prevenire le derive negative del gruppo di coetanei", "Saper di amore" (2013), "Il male più grande" (2016).

Introduzione

Novembre 2006, Milano.

Mentre sta andando a trovare un amico che gli aveva chiesto di vederlo, Marco Soranzio, 29 anni, originario di Monfalcone, ingegnere e direttore di un collegio universitario dell'Opus Dei, viene investito da un'auto; cade e muore sul colpo.

Da questo evento doloroso, particolarmente per i genitori, la sorella e gli amici, passano 4 anni.

Novembre 2010, Monfalcone.

Si celebra il quarto anniversario della morte di Marco. La chiesa, dove Marco è cresciuto e dove è sbocciata la prima scintilla della sua fede, è piena. Ci sono i genitori, la sorella, i parenti, i concittadini che lo hanno conosciuto; ma, soprattutto, ci sono una trentina di giovani amici, universitari o ex universitari ormai laureati, che Marco ha incontrato durante i suoi anni di studio e di attività nel mondo universitario, venuti da ogni parte d'Italia: Milano, Bologna, Trieste, Palermo, ecc. a pregare per l'amico "in cielo".

Dopo la celebrazione della S. Messa, tutti questi giovani, con i genitori di Marco e la sorella, si ritrovano in una sala della Parrocchia dove un gruppo di amici della famiglia ha preparato un pranzo per tutti.

E' l'anniversario di una morte, di un evento umanamente doloroso, ma il clima è di festa!

In tutti c'è la consapevolezza e la certezza che Marco è presente. Che li vede, che fa festa con loro.

Non c'è posto per la tristezza, lo sconforto, le domande:

"Perché proprio lui, perché a soli 29 anni?" Quello che è particolarmente bello, che colpisce e fa pensare, è l'atteggiamento dei genitori e della sorella: un atteggiamento di fede, di abbandono. Dio ha voluto così e …così sia.

In questo clima viene spontaneo ripensare a San Josemaria Escrivà, il fondatrore del'Opus Dei, quando dice: *"No, noi non moriamo, cambiamo semplicemente casa… Noi dovremmo morire salutando così: arrivederci... Dio non è un cacciatore in agguato, è un giardiniere che cura i fiori, li annaffia, li protegge e li recide quando sono più belli e rigogliosi. Dio coglie le anime quando sono mature."*

E' esattamente quello anche Papa Benedetto XVI ci ricorda: *"Dobbiamo avere il coraggio, la gioia, la grande speranza che la vita eterna c'è, è la vera vita e da questa vera vita viene la luce che illumina anche questo mondo."*

E allora, con queste premesse, la commemorazione della morte di un giovane, diventa l'occasione per un incontro fra amici.

Ecco il primo miracolo della fede: la capacità di esorcizzare e di sconfiggere la morte!

Con questa certezza, infatti, tutto cambia; l'umana sofferenza resta, l'assenza di una persona cara si sente, ma la prospettiva è diversa. Lo spirito è in pace, anzi nel profondo è in letizia, perché sa che la persona amata vive, sta bene, ha raggiunto il luogo per il quale è stata creata.

Da questa riflessione mi si è accesa una luce, mi si è schiarita un'idea che da tempo avevo intuito e che in quel momento si è come materializzata.

Da vecchio ragioniere, mi è venuto spontaneo fare un ragionamento molto semplice e arrivare ad una altrettanto semplice e veloce conclusione: *ma allora credere che Dio esiste conviene... serve... anche in questi casi!*

Aiuta ad affrontare la vita, i problemi, le sofferenze, la morte, in modo diverso.

In sintesi, aiuta a vivere bene... qui ...oggi.

A questo punto la riflessione si è ampliata e ho scoperto che Dio, non solo esiste e ci ha dato la vita, ma ci ha anche dato le istruzioni per viverla bene

Ho ripensato alle prime nozioni di quel Catechismo che mi avevano fatto studiare da piccolo, in particolare ai 10 Comandamenti (il Decalogo), che allora avevo percepito come un insieme di divieti, che vorrebbero costringerti a vivere come non vorresti.

Riletti oggi, alla luce anche delle brevi, ma chiare definizioni, che ne danno gli ultimi tre papi, ho scoperto che sono esattamente il *contrario*.

Dice infatti Giovanni Paolo II, il primo marzo del 2000: *"I Dieci comandamenti schiudono davanti a noi, l'unico futuro autenticamente umano e questo perché non sono l'arbitraria imposizione di un Dio tirannico. Dio li ha scritti nella pietra ma li ha incisi soprattutto in ogni cuore umano, quale universale legge morale, valida ed attuale in ogni luogo e in ogni tempo".*

Papa Benedetto XVI aggiunge l'otto gennaio del 2006: *"Potremmo... dire che il volto di Dio, il contenuto di questa cultura della vita, il contenuto del nostro grande "SI", si esprime nei 10 Comandamenti, che non sono un pacco di proibizioni, di "no", ma presentano in realtà una grande visione di vita. Sono un "SI" a un Dio che dà senso al vivere (i primi 3 Comandamenti), "SI" alla famiglia (quarto), "SI" alla vita (quinto), "SI" all'amore responsabile (sesto), " SI" alla solidarietà, alla responsabilità sociale, alla giustizia (settimo), "SI" alla verità (ottavo)," SI" al rispetto dell'altro e di ciò che gli è proprio (nono e decimo comandamento)."*

Da ultimo, Papa Francesco nell'enciclica Lumen Fidei afferma che: *"Il Decalogo <u>non è un insieme di precetti negativi, ma di indicazioni concrete</u> per uscire dal deserto dell'io autoreferenziale, chiuso in se stesso, ed entrare in dialogo con Dio"*.

In pratica: sono un grande atto di amore di Dio.

Sono la manifestazione concreta del Suo essere Padre, attento e premuroso verso i suoi figli. Dio, infatti, dopo averci creato, sapendo bene di che pasta siamo fatti, ci ha dato anche le *indicazioni per vivere bene*.

Dopo di che ci lascia liberi, liberi di seguire le Sue indicazioni o di fare quello che ci pare. Senza dimenticare, però, che alla *libertà* fa da contraltare la *responsabilità*.

Da queste riflessioni mi è nata l'idea di scrivere queste pagine che partendo dall'assunto che i Dieci Comandamenti non sono tanto divieti quanto essenzialmente delle *indicazioni operative* desiderano dimostrare che *credere conviene e seguire i Comandamenti di Dio fa vivere bene... qui... oggi.*

Dopo avere finito di scrivere, rileggendo il tutto, ho fatto un'altra riflessione che desidero proporre. Da diversi anni stiamo attraversando e vivendo una crisi molto profonda e grave. Gli osservatori più attenti sono concordi nel dire che è una crisi dovuta in gran parte ad una *carenza di valori etici e morali*.

Alcuni sintomi di questa crisi di valori sono *evidenti:* smarrimento del senso della vita, famiglie disgregate incapaci di educare e di trasmettere valori positivi, bugie e ipocrisia dilagante, corruzione che inquina i rapporti a tutti i livelli, violenza anche gravi sui più deboli e indifesi, istituzioni e burocrazia asfissianti e invasive.

Recentemente ho sentito il prof. Stefano Zamagni, prestigioso economista riminese, affermare che in questi ultimi anni, l'indice di felicità nei paesi occidentali, quelli cosiddetti sviluppati, tra i quali è compresa la nostra Italia, è diminuito. Nonostante l'abbondante disponibilità di mezzi e di tecnologia la gente oggi è meno felice.

Ho anche scoperto, però, che vivendo secondo le indicazioni del Decalogo, TUTTI questi problemi, scomparirebbero quasi automaticamente.

L'applicazione concreta dei Dieci Comandamenti nella vita quotidiana, infatti, rende la vita bella qui... oggi, al punto che potremmo chiamare il Decalogo: *la ricetta della gioia* dataci direttamente da Nostro Signore oltre 3.000 anni fa.

E quindi.

Conoscere il Decalogo, meditarlo, divulgarlo e, soprattutto, metterlo in pratica, può essere *il primo* e il più importante *passo* per uscire dalle diverse crisi presenti nella società odierna ed andare verso un mondo migliore e più sereno per tutti.

Colgo l'occasione per ringraziare sentitamente per l'amicizia dimostrata collaborando all'uscita di questo libro, il Vescovo Mons. Paolo De Nicolò per la prefazione, il prof. Don Ugo Borghello per l'introduzione e l'ing. Manuel Malpassi per il progetto grafico della copertina.

Buona lettura e buon cammino.

Gianfranco Vanzini

1° e 2°. Figli di Dio. La libertà.
(Io sono il Signore tuo Dio...)

Qualche anno fa ebbe un grande successo una canzone che iniziava così: *"La prima cosa bella che ho avuto dalla vita..."*

Mentre pensavo a come iniziare le mie riflessioni sui Dieci Comandamenti mi è venuta alla mente questa canzone; ho canticchiato il ritornello e mi è venuto spontaneo completare la frase aggiungendo il sostantivo: *la libertà*.

Ne è venuta fuori una frase che dice: *"La prima cosa bella che ho avuto dalla vita... è la libertà"*.

Mi sembra già di sentire qualcuno dire: *"Scusa ragioniere, ma, se non mi sbaglio, il Decalogo (i 10 Comandamenti) che ci hanno fatto studiare a catechismo fin da piccoli, inizia dicendo: Io sono il Signore tuo Dio. Non avrai altro Dio fuori di me. Non nominare il nome di Dio invano. Sono affermazioni e indicazioni molto nette e chiare. E allora? Dov'è la mia libertà? Caro ragioniere, qui non ci siamo."*

E invece è proprio qui che ci siamo.

E' proprio in queste tre frasi, lette con la mentalità del ragioniere (del *ragiunat*, come dicono a Milano, cioè di quello che pensa e ragiona con la sua testa), che è contenuto il principio e il fondamento della nostra libertà.

Libertà da Dio, in quanto è Lui stesso che ci lascia liberi, liberi di seguire Lui e i suoi comandamenti o di non seguirlo; liberi di amarlo come Lui vorrebbe ed essere felici come conseguenza di questo nostro amore verso di Lui, ma anche liberi di non amarlo, di combatterlo, di volere perfino la Sua eliminazione. Lui ci lascia fare.

21

Questa libertà da Dio, non è solo un atto di fiducia di Nostro Signore verso di noi, è qualcosa di più, di molto di più, perché, se ben capito, ci può aiutare a vivere da *uomini autenticamente liberi*. Libertà da Dio, infatti, diventa anche: *libertà dagli uomini*, da tutti gli uomini, accompagnata, da una conseguente *responsabilità*.

Oggi si parla molto di libertà, forse anche troppo e non sempre in modo corretto. Spesso, infatti, si dà a questa parola un significato sbagliato, molto vicino a quello di *anarchia*: visto che sono libero, faccio quello che mi pare.
Relativismo e autoreferenzialità a tutto campo.
Trasformazione del concetto di libertà in: diritto illimitato dell'individuo di fare qualunque cosa, svincolato da qualsiasi responsabilità, senza tenere conto di alcuna norma morale che possa limitare, o anche semplicemente indirizzare, la ricerca del piacere personale o del proprio tornaconto o comodo immediato. Liberi da Dio e da tutto. Gilbert Chesterton, però, già molti anni fa, metteva in guardia gli uomini del suo tempo da una nostra possibile illusione e affermava: *"Chi non crede in Dio non è vero che non crede a niente, perché comincia a credere a tutto"*.
Eliminando Dio, infatti, si rischia di non essere né liberi, né veri, ma semplicemente di diventare schiavi di tutto e di tutti. Del gusto del potere, del sesso, del denaro, della droga, dell'egoismo, personale o collettivo, della prima ideologia, moda, mago o fattucchiera che sembri offrire una parvenza di felicità.
Questi comportamenti, invece, non portano né gioia né felicità, come ci dimostra la cronaca quotidiana.

Al contrario, accettare e fare proprio il comandamento

22

citato in precedenza: *"Non avrai altro Dio fuori di me"* significa che nessuno: persona, autorità, sentimento, passione, cosa, circostanza, ecc. può rendermi suddito o schiavo.

Io sono libero, perché mi ha creato libero il mio Signore e io non riconosco altri "signori" sopra di me.

Riconoscere e accettare il principio che siamo *tutti figli di Dio,* e di conseguenza *tutti fratelli* è un atto di umiltà, verso Dio, ma che, nel contempo, conferisce una piena e assoluta dignità a ciascun uomo e a ciascuna donna, ed è soprattutto fonte e garanzia del *pieno e reciproco rispetto, per e tra, tutte le persone.*

Ho quindi la possibilità di avere una vita piena, responsabile, aperta alla gioia, perché cosciente e grato di essere amato da Qualcuno e consapevole che, a mia volta, devo amare quel Qualcuno e il mio prossimo.

Dice infatti Gesù, rispondendo alla domanda su quale sia il primo di tutti i comandamenti: *"Il primo è: il Signore Dio nostro è l'unico Signore; amerai dunque il Signore Dio tuo con tutto il tuo cuore, con tutta la tua mente e con tutta la tua forza. E il secondo è questo: amerai il prossimo tuo come te stesso."* (Mc 12,29-31) E ancora: *"Come il Padre ha amato me, così anch'io ho amato voi. Rimanete nel mio amore…Questo è il mio comandamento: che vi amiate gli uni gli altri, come io vi ho amato".* (Gv 15,9-12)

Il modo migliore allora per impiegare questa nostra libertà è quello di pensare anche agli altri e di servire i fratelli per amore di Dio e per la nostra gioia. La libertà, infatti, non è fine a se stessa, ci è data con amore e per amare, non per slegarci dagli altri e fare quello che si vuole, ma per costruire liberamente legami d'amore. Scopriremo che questo è un modo molto efficace per fare scomparire anche gran parte delle nostre difficoltà quotidiane.

Molte delle nostre contrarietà, infatti, traggono la loro origine dal fatto che ci dimentichiamo, troppo spesso degli altri e ci preoccupiamo troppo del nostro *"io"*.

Ma chi sono questi altri? Chi sono le persone che devo amare? Chi è il mio prossimo?

A queste domande ha già risposto Gesù, in un modo molto chiaro e preciso, basta leggere quello che l'evangelista Luca scrive quando ci racconta come Gesù ha risposto a un dottore della legge che lo interrogava: *"Maestro che cosa devo fare per ereditare la vita eterna?" Gesù gli disse: "Che cosa sta scritto nella Legge? Che cosa vi leggi?" Costui rispose: "Amerai il Signore tuo Dio con tutto il tuo cuore, con tutta la tua anima, con tutta la tua forza e con tutta la tua mente e il tuo prossimo come te stesso". E Gesù: "Hai risposto bene; fa' questo e vivrai". Ma quegli volendo giustificarsi disse a Gesù: "E chi è il mio prossimo?" Gesù riprese: " Un uomo scendeva da Gerusalemme a Gerico e cadde nelle mani dei briganti, che gli portarono via tutto , lo percossero a sangue e se ne andarono, lasciandolo mezzo morto. Per caso, un sacerdote scendeva per quella medesima strada e, quando lo vide, passò oltre. Anche un levita, giunto in quel luogo, lo vide e passò oltre. Invece un samaritano che era in viaggio, passandogli accanto, lo vide e ne ebbe compassione. Gli si fece vicino, gli fasciò le ferite versandovi olio e vino; poi lo caricò sulla sua cavalcatura, lo portò in un albergo e si prese cura di lui. Il giorno seguente, tirò fuori due denari e li diede all'albergatore, dicendo: "Abbi cura di lui, quello che spenderai in più te lo pagherò al mio ritorno".*

Chi di questi tre ti sembra sia stato prossimo di colui che è caduto nella mani dei briganti?"

Quegli rispose: "Chi ha avuto compassione di lui".
Gesù gli disse: Va' e anche tu fa'lo stesso". (Lc 10, 25-37)

Ecco, Gesù non usa giri di parole né fa lunghi preamboli. *Il nostro prossimo è chiunque può avere bisogno di noi, senza distinzioni e senza categorie.*

Gesù ci chiede di darci di più ai fratelli, e di pensare al bene comune dimenticando se stessi. E' un comportamento così bello e importante che Dio apprezza e premia con una serenità piena di gioia. Di una gioia vera, terrena e immediata *...qui ...oggi.*

3°. Il riposo e il lavoro.
(Ricordati di santificare le feste)

"Ricordati del giorno di sabato per santificarlo. Sei giorni faticherai e farai ogni lavoro ma il settimo giorno è il sabato in onore del Signore tuo Dio... Perché in sei giorni il Signore ha fatto il cielo e la terra e il mare e quanto è in essi, ma si è riposato il giorno settimo. Perciò il Signore ha benedetto il giorno di sabato e lo ha dichiarato sacro". (Es 20, 2-17).

E' il terzo dei 10 Comandamenti che Dio ha dettato a Mosè sul Monte Sinai.

Come il Signore si è riposato il settimo giorno, anche tu hai diritto di farlo. Devi ricordarti però che è il Signore che ti ha creato e ti sostiene, perciò il settimo giorno devi ricordarti di Lui e ringraziarlo.

Dopo la venuta di Gesù, in memoria della Sua resurrezione *"il primo giorno dopo il sabato"*, la Chiesa ha dichiarato sacro il giorno di *Domenica*.

E, nella versione attuale dei 10 Comandamenti, il precetto ricevuto da Mosè viene sintetizzato in: *"Ricordati di santificare le feste"*.

Che cosa vogliono indicarci Dio e la Sua Chiesa con questo Comandamento?

Primo. Fare memoria della creazione divina e del nostro essere creature di Dio.

Secondo. Gesù è risorto dai morti la domenica di Pasqua, *il primo giorno della settimana dopo il sabato*. La domenica diventa così il giorno e il simbolo della nuova Creazione e della nuova alleanza in Cristo. E' il giorno del Signore, nel quale si fa memoria della Sua passione, morte e resurrezione.

Terzo. Come Dio cessò nel settimo giorno da ogni suo lavoro e si riposò, così anche la vita dell'uomo è ritmata dal tempo del lavoro e dal tempo del riposo.

L'istituzione del giorno del Signore acquista pertanto anche un'altra valenza.

E' la prima indicazione operativa che Dio dà agli uomini ed è l'indicazione che regola e definisce il ritmo della quotidianità del lavoro e del riposo.

Il lavoro è importante, in quanto è attraverso il lavoro che l'uomo si realizza. Lavorando con impegno e competenza, egli attualizza e concretizza le sue capacità e mette a frutto i talenti ricevuti, provvede al suo sostentamento, a quello dei suoi familiari e delle persone che gli sono affidate, coopera al bene della comunità nella quale vive.

Il lavoro, tuttavia, pur importante, non può e non deve estinguere tutte le nostre capacità e le nostre energie e non deve assorbire tutto il nostro tempo. Perciò questa prima indicazione divina svolge un'altra importante funzione: ci libera dal rischio di una schiavitù molto pericolosa: *la schiavitù del lavoro*.

Quanti, spinti dal desiderio di guadagno o di soddisfazione personale, dedicano al lavoro tutte le proprie energie? Poi, come spesso succede si pentono, perché magari non si sono accorti che nel frattempo i figli sono cresciuti, senza averli potuti seguire, che la moglie (o il marito) si è sentita (o) trascurata (o) e i rapporti si sono guastati fino alla rottura. Sono situazioni, purtroppo, abbastanza frequenti e dolorose al giorno d'oggi.

Ho recentemente letto il libro "Harambee", di Matteo Richetti – politico per passione e per chiamata – il quale a pag. 66 nel capitolo - Mai di domenica – scrive: *"Per scelta e da sempre, salvo casi eccezionali, io non ho mai dato disponibilità per iniziative di partito alla domenica...E questo non l'ho deciso per motivi di pigrizia o di comodità personale. L'ho deciso perché per me è un tratto fondamentale...E' un tratto fondamentale avere un giorno alla settimana dove poter andare a funghi nel mio posto segreto, poter stare tre ore da solo con un libro in mano che desidero leggere. E' un tratto fondamentale andare a Messa, rituffarmi nella mia comunità, prendere un caffè con calma al bar del paese, ritrovarmi con tutti gli altri come tutti gli altri"*

E' un esempio concreto di come si possa regolare l'utilizzo del nostro tempo, dedicandone una parte al nostro lavoro e riservando un tempo adeguato (la domenica appunto), per santificare la festa, andando alla Messa, per riposare, per ascoltare e, possibilmente, aiutare il nostro prossimo.

E' sicuramente un modo efficace per vivere bene... qui... oggi...

P.S. Invito alla prova per i lettori che non vanno a Messa.

Andate una domenica a Messa. Arrivate in orario, in una chiesa qualunque, state fino alla fine, ascoltate le letture, l'omelia, le preghiere che celebrante e popolo dicono, respirate quell'aria di serenità e di pace che aleggia e che fa stare bene. Una volta usciti fate un bel respiro a pieni polmoni. Poi, se volete, mandatemi le vostre impressioni:

franco vanzini@alice.it - Cell. 339.3034210 -.

4°. La famiglia
(Onora tuo padre e tua madre)

Due punti di partenza molto semplici, ma anche molto chiari.

"Maschio e femmina li creò... siate fecondi e moltiplicatevi" (Gn 1,17)

"Onora tuo padre e tua madre" (Es 20,12 - Dt 5,16).

Quarto Comandamento del Decalogo.

E' il comandamento "cerniera", quello che unisce i primi tre che riguardano direttamente il rapporto tra Dio e gli uomini e gli altri sei, che riguardano più da vicino i comportamenti umani.

Le due affermazioni appena citate rappresentano *la nascita della famiglia*.

Creando l'uomo e la donna, Dio ha istituito la famiglia umana e l'ha dotata della sua costituzione originaria e fondamentale: *un uomo e una donna.*

Insieme, maschio e femmina, uomo e donna, formano una famiglia e ricevono da Dio, in dono, la capacità e la gioia di generare, di fare nascere una nuova vita e diventare così: *padre e madre.*

Questo è il disegno originario di Dio, quello che la Sacra Scrittura ci tramanda e che la Chiesa ci ricorda continuamente.

Dopo la libertà, la seconda cosa bella che Dio ci ha donato è senz'altro *la famiglia.*

Nasciamo infatti piccoli e indifesi, incapaci di provvedere al nostro sostentamento, ma nasciamo in una famiglia, nasciamo cioè da due genitori: un padre e una madre.

Due genitori che, per il fatto di averci fatto nascere attraverso un atto d'amore, sono pronti ad accogliere e custodire il frutto del loro amore: i figli.

La famiglia è il luogo in cui i genitori hanno il dovere di crescere i propri figli, provvedendo alle loro esigenze materiali e spirituali ed educandoli ad un corretto uso della ragione e della libertà, unito ad un profondo rispetto per tutte le persone.

"*I genitori sono i primi responsabili dell'educazione dei loro figli*" (Catechismo della Chiesa Cattolica, par. 2223). Hanno pertanto la responsabilità di creare una famiglia in cui la tenerezza, il rispetto, la fedeltà, il servizio disinteressato siano la norma.

Il focolare domestico costituisce l'ambito naturale più idoneo per la trasmissione della fede e degli insegnamenti di Nostro Signore e per educare al senso di responsabilità e alla solidarietà. Sotto la guida attenta dei due genitori, i figli avranno la possibilità di imparare a guardarsi dai compromessi pericolosi, dalle infedeltà e dalle ipocrisie, dai cattivi maestri e dagli sbandamenti umani, particolarmente presenti in questi tempi. Quando questi insegnamenti passano attraverso l'esempio e la testimonianza vissuta da parte dei genitori hanno sicuramente un valore ed una efficacia molto alti.

Se i genitori hanno doveri e responsabilità, altrettanti doveri e responsabilità hanno i figli. Il quarto comandamento, infatti, si rivolge espressamente ai figli dicendo "*Onora tuo padre e tua madre.*" Ho pensato diverse volte al perché Dio si rivolge ai figli anziché ai genitori. La risposta che mi sono data è la seguente: perché tutti nasciamo figli, poi... cresciamo. E allora dobbiamo, da subito, *imparare ad essere figli* onorando e rispettando i genitori. I nostri genitori, infatti, sono e resteranno sempre coloro che ci hanno dato la vita. Questa condizione è stabile e non è modificabile, e su questo non ci possono essere né fraintendimenti né scambio di ruoli.

Il rispetto per i genitori, perciò, è un doveroso atto di riconoscenza verso coloro che ci hanno dato la vita, e con il loro amore e il loro lavoro, hanno permesso ai figli di crescere in età, in sapienza e in grazia. Sentimenti che si manifestano attraverso la docilità e l'obbedienza ai loro insegnamenti e l'aiuto in caso di necessità.

" *Il figlio saggio ama la disciplina, lo spavaldo non ascolta il rimprovero.*" *(Prv 13,1)*

Dio, come protegge i figli nella loro debolezza e incapacità iniziali, affidandoli alle cure di due genitori, così

protegge i vecchi, spesso diventati altrettanto deboli e incapaci, affidandoli ai figli. Imparando ad essere bravi figli, automaticamente, impareremo ad essere, a nostra volta, bravi genitori. In questo quadro di diritti e di doveri, di servizi ricevuti e resi, di valori appresi e trasmessi, di responsabilità verso Dio e verso il prossimo, ogni cosa è al suo posto e tutto acquista un significato armonico e soddisfacente. Cioè si vive bene …qui…oggi.

Perché tutto questo, nel nostro tempo, avviene così raramente?

Perché si sono perse le coordinate di fondo, si è smarrito il fondamento di tutto, ci si è dimenticati di *Dio e dei suoi insegnamenti.*

Abbiamo trasformato un atto d'amore, in un banale atto sessuale. Oggi si dice: *"Faccio sesso"*, come si direbbe: *"Faccio sport o vado al cinema"*, ma non è la stessa cosa. L'attività sessuale non è solo esercizio fisico, è un atto che coinvolge la persona nel suo complesso, che comprende sentimenti e valori.

Purtroppo in molti casi la preoccupazione dei genitori e, spesso anche di numerosi educatori, non è quella di insegnare ai figli e ai giovani il giusto uso, nei modi e nei tempi, della sessualità; ma è unicamente quella di raccomandare l'uso di una adeguata protezione. Come se ad un figlio/a o a un/una giovane che chiede se può mangiare una mela acerba, anziché dire: *"Aspetta che maturi"* gli si dicesse: *"Mangiala pure, ma avvolgila in un sacchetto di plastica."*

Non è una risposta né intelligente, né buona moralmente.

Ultimamente e pericolosamente si sta diffondendo una

visione distorta della persona umana e delle sue relazioni: la cosiddetta *teoria del gender*. Cioè l'idea che non nasciamo con una già definita identità sessuale originale (quando non si vuole credere non basta neppure la oggettiva constatazione visiva: maschi e femmine sono diversi dalla nascita) ma l'identità potrà essere definita strada facendo, in età più adulta, in quanto frutto di una libera scelta in base ai propri convincimenti personali e culturali, o alle proprie sensazioni.

Sarebbe come pensare - è una semplificazione, ma non lontana dalla realtà - che una macchina costruita per andare a benzina possa, in base alle convinzioni personali del suo proprietario, funzionare bene anche a gasolio.

E' di qualche tempo fa la prassi, introdotta in Germania, che all'atto della registrazione della nascita di un figlio/a, all'anagrafe del Comune, il genitore possa indicare come sesso: *maschio, femmina, indefinito.*

Questo perché, così, "l'interessato/a" da grande, potrà scegliere se diventare maschio o femmina. o ...non si sa bene che cosa. Possono esistere, a volte, situazioni personali complesse, in cui vi è una tensione tra la percezione personale della propria identità sessuale e quella biologica, ma affermare che la propria definizione sessuale (cioè essere maschio o femmina) sia oggetto di una libera scelta, è frutto solo di una visione ideologica e distorta della realtà.

Se non fossero vere si potrebbe dire che queste sono cose da *"matti"*. Purtroppo sono vere!

E per finire, ma questo è molto meno grave. Qualcuno sostiene con convinzione che verso i 18/20 anni, più o meno, i giovani devono vivere fuori di casa. E perché? Chi lo ha detto? E con quale prospettiva? Se un ragazzo o una ragazza che ancora non hanno finito gli studi vanno a vivere da soli, chi li mantiene? Come fanno a pagarsi l'affitto, il vitto, il vestire ecc.? Ovviamente i loro genitori.

E allora dove sono il senso di responsabilità, la maturità e l'indipendenza dei giovani? Non sarebbe meglio stare in casa con i propri genitori, imparando a convivere volendosi bene, collaborando ed evitando spese o sprechi inutili?

In questo modo si potrebbe pensare di utilizzare il denaro risparmiato per costituire un gruzzoletto che potrebbe servire, al momento opportuno e nei modi corretti, per costituire una famiglia.

A me sembra che seguire le indicazioni che Dio ci ha dato e che la Chiesa continua a ricordarci con un linguaggio e una terminologia molto chiari: *maschio e femmina, padre e madre* (e non genitore 1 e genitore 2, che sono termini che non hanno alcun senso) faccia tornare i conti anche questa volta.

5°. La Vita.
(1. *Non uccidere*)

Per aiutarci a mantenere la rotta e per non farci andare fuori strada, Dio ci dà una indicazione molto precisa su un tema fondamentale: *la vita.*

Usando una espressione del codice della strada, possiamo dire che ci dà un segnale di *divieto*; con il quinto comandamento ci dice: *"Non uccidere"*. Il messaggio è chiaro e non lascia spazio a equivoci, fraintendimenti o finzioni.

Come al solito, Dio attraverso un divieto, ci dà una indicazione: *rispetta la vita.*

Solo Dio, infatti, è il Signore della vita, dal suo inizio alla sua fine. Nessuno, in nessuna circostanza, può rivendicare a sé il diritto di distruggere volontariamente un essere umano.

L'uomo non ha il diritto di togliere la vita a qualcuno perché il Signore della vita è solo Dio. Inoltre se uccidi, o anche solo se offendi un tuo fratello in maniera grave e in forme diverse, poi starai male e non sarai affatto felice.

E quando Dio dice: *"Non uccidere"* si riferisce a tutto il genere umano e non fa distinzioni di razza, di età, di genere, di ceto sociale, di condizioni particolari.

Tutti vuol dire tutti e basta! Il perché è molto semplice: *siamo tutti figli di Dio* e come tali, siamo tutti fratelli e abbiamo pertanto il dovere di volerci bene e di non odiarci o, peggio ancora, di ucciderci.

Il celebre scienziato Albert Einstein quando un impiegato dell'ufficio immigrazione, al suo arrivo negli Stati Uniti, gli chiese di che razza fosse rispose: *"Umana"*. E aveva ragione. Come ha ragione San Josemarìa Escrivà quando dice: *"Apparteniamo tutti alla razza dei figli di Dio"*.

Queste semplici considerazioni risolverebbero automaticamente molti dei problemi su cui oggi si discute.

La vita è sacra. Quella di tutti. Ed è quella di tutti che va tutelata e difesa. Non c'è chi ha più diritti e chi meno, chi deve essere protetto e chi no. Siamo tutti uguali in dignità e figliolanza divina. Non si può perciò uccidere direttamente o indirettamente, da soli o con altri, una persona. Come prima e diretta conseguenza, sono vietati anche: *l'aborto e l'eutanasia*.

Dio, padrone della vita, ha affidato agli uomini l'altissima missione di procreare e di proteggere la vita. La vita, una volta concepita va protetta in ogni modo e con ogni cura, e non può essere distrutta a nostro piacimento.

Qualsiasi azione diretta a mettere fine alla vita delle persone, in qualsiasi situazione si trovino, è inaccettabile. Le stesse considerazioni valgono per *il suicidio*. Noi siamo solo gli amministratori della nostra vita. Non ne siamo i proprietari, siamo tenuti a rispettarla e ad usarla secondo i fini per i quali ci è stata donata.

Togliersi la vita è un atto di profonda sfiducia nella Provvidenza e nella misericordia di Dio ed è una offesa all'amore del prossimo, poiché spezza ingiustamente i legami di solidarietà e di fiducia verso la società familiare e l'intera comunità. Si potranno considerare le condizioni particolari in cui una persona può trovarsi, tuttavia la gravità del fatto rimane. Dio ci mette in guardia e ci ricorda di non compiere atti dannosi per noi, o per il nostro prossimo, dei quali poi, una volta riconosciuto il male compiuto, proveremo un rimorso più o meno forte e duraturo.

Prendiamo, come esempio, il caso dell'aborto che merita una attenzione particolare, non fosse altro per la grande frequenza con la quale viene praticato.

Fra i 130 e 150 mila casi ogni anno, solo in Italia.

Chiariamo subito un punto che fino a qualche tempo fa sembrava controverso: *quando comincia la vita?*

Sono ormai tutti concordi nel dire che la vita comincia nel momento in cui lo spermatozoo maschile feconda l'ovulo femminile. In quel momento scocca la scintilla e nasce una nuova vita.

E' ancora superprotetta nel grembo materno, ma ha già una sua individualità.

Non ha bisogno di alcun altro intervento esterno, il nutrimento che la madre gli passa è sufficiente per crescere e venire alla luce dopo 9 mesi.

Dopo il concepimento, sopprimerlo, per qualsiasi motivo e in qualsiasi modo, è sopprimere una vita umana. Non grida e non piange, ma c'è. Una volta si diceva anche: non si vede. Oggi con l'ecografia, non si può più dire. Perché c'è e si vede.

L'unica differenza fra sopprimere un feto, anche di pochi giorni e un bambino/a di qualche mese, è solo che quest'ultimo si vede ad occhio nudo e per vedere l'altro occorre fare un' ecografia. Ma sono esseri viventi entrambi e allo stesso modo.

Riflettere di più su questo punto, con meno furore ideologico e complicati ragionamenti, osservare la realtà senza pregiudizi e smascherare i copiosi interessi economici che stanno dietro a questa concezione di "vita disponibile", sarebbe certamente molto utile per tutti.

Vale la pena ricordare cosa diceva il Dr. Alexis Carrell - Premio Nobel per la medicina -: *"Poca osservazione e molto ragionamento conducono all'errore; molta osservazione e poco ragionamento conducono alla verità."*

Ecco, allora, che cosa ci insegna e ci documenta l'esperienza quotidiana.

Mi limito a dare voce alle tante lettere che mi è capitato di leggere, su giornali e riviste, di giovani donne che in vari modi e in diverse circostanze hanno abortito.

Il messaggio unanime è: *"...ho sofferto tanto e soffro ancora"* oppure: *"...la mia creatura oggi compirebbe 3, 4, 7 ecc. anni, e invece non c'è più perché l'ho eliminata".*

Non aggiungo la descrizione di altre sofferenze, ma tutte sono sullo stesso piano.

Se quelle ragazze, aiutate dai padri delle loro creature (dai loro partner come si dice oggi) dai loro genitori, dalla comunità circostante (Stato, Comune, Parrocchia, Associazioni di volontariato, ecc.) avessero fatto nascere i loro figli, molto probabilmente sarebbero andate incontro a difficoltà pratiche, economiche, sociali, a volte anche pesanti, ma oggi sarebbero senz'altro molto più serene e con meno rimorsi e sofferenze.

Anche per questo comandamento siamo alla solita conclusione e non potrebbe essere diversamente: ascoltare i messaggi che Dio ci ha dato *fa vivere bene... qui... oggi.*

5°. La guerra.
(2. Non uccidere)

Ancora due brevi riflessioni sul quinto comandamento. Da una parte, un comando di Dio: *non uccidere*.

Al quale fa seguito una puntualizzazione di Gesù: *"Avete inteso che fu detto: occhio per occhio e dente per dente, ma io vi dico di non opporvi al malvagio; anzi se uno ti percuote la guancia destra tu porgigli anche l'altra"* (Mt 5, 38-44).

Dall'altra, gli effetti della disubbidienza a questo comando, descritti bene da Gandhi che dice: *"Non occorre uccidere; è sufficiente applicare la legge 'occhio per occhio' per fare deragliare l'umanità verso la cecità totale"*.

Immaginiamo quindi che cosa può succedere quando una parte dell'umanità *dichiara guerra* ad un'altra parte. La guerra è, per definizione, quella situazione in cui le azioni di almeno una delle parti in causa sono animate e mosse da intenti e fini di conquista, di sopraffazione e di dominio sull'altra. Pur di raggiungere i fini prefissati si calpestano i diritti più elementari delle persone, primo fra tutti il diritto alla vita. Non si va per il sottile: si uccide.

Molto spesso, troppo spesso, a questa prima azione violenta si risponde con altrettanta violenza: entrambe le parti in causa uccidono. Va da sé che la situazione della parte che offende e prevarica è molto diversa da quella di chi, legittimamente, si difende e si protegge. Tuttavia entrambe violano il comandamento: *non uccidere*.

La Costituzione della Repubblica Italiana dà una risposta netta e precisa a questo riguardo e all'art. 11 recita: *"L'Italia ripudia la guerra come strumento per la risoluzione dei conflitti internazionali."*

In questo modo, non solo si mette in pratica il comandamento: non uccidere, scartando a priori l'ipotesi di una guerra di offesa; ma, anche nell'ipotesi di conflitti fra Stati, la guerra non dovrà mai essere presa in considerazione come soluzione dei conflitti.

Papa Paolo VI il 4 ottobre 1965, parlando all'Assemblea dell'Onu, con una affermazione che era, nello stesso tempo, di dolore e di appassionata speranza, diceva: *"Mai più gli uni contro gli altri, mai più! Non più la guerra, non più la guerra! La pace deve guidare le sorti dei popoli e dell'intera umanità!"* E' la pace, quella dei cuori e quella delle comunità, che mette in pratica il comandamento di non uccidere.

Il compito di ogni cristiano è di lavorare per la pace; diceva don Primo Mazzolari: *"Il cristiano è un uomo di pace, non un uomo in pace: fare la pace è la sua vocazione e la sua missione".*

Nell'enciclica *Pacem in terris* San Giovanni XXIII afferma: *"Non c'è pace senza disarmo. Non c'è disarmo se non tacciono i cannoni, se non si smontano, oltre alle rampe missilistiche, anche gli spiriti. La pace non si regge sull'equilibrio degli armamenti, ma solo sulla vicendevole fiducia, sul disarmo dei cuori".* Troppo spesso invece alla guerra si è risposto con la guerra, la violenza ha richiamato violenza.

In almeno due casi, però, la risposta alla sopraffazione non è stata violenta, e il risultato finale è stato *positivo*.

Gandhi è riuscito a sconfiggere l'oppressione inglese con *la non violenza*. Non è stata una impresa facile, né indolore, ma il risultato finale è stato raggiunto.

Nei paesi dell'Europa orientale, dopo anni di oppressione, i cittadini sono riusciti ad abbattere una delle più pesanti dittature di tutti i tempi, senza armi. Il muro di Berlino non è stato abbattuto con i *"cannoni"* ma con i *"picconi"* e a mani nude. Nei paesi dell'Ex Unione Sovietica (Ungheria, Polonia, Germania Orientale, Romania, Cecoslovacchia, ecc.) con le rivolte armate non si erano mai ottenuti risultati di rilievo.

Negli anni '80, con la costituzione del sindacato Solidarnosc, si è innescata una azione di opposizione, non violenta, che ha messo in movimento un processo inarrestabile che ha portato alla liberazione di interi popoli oppressi dalla dittatura marxista.

Hanno dovuto soffrire e subire molto, ma alla fine hanno ottenuto maggiore libertà e democrazia. In questo processo lungo e doloroso, ha sicuramente avuto un ruolo importante l'azione pacifica e pacificatrice di San Giovanni Paolo II.

In Palestina, invece, si combatte incessantemente e sanguinosamente da oltre cinquant'anni, con azioni terroristiche, spesso giustificate in modo troppo imprudente e frettoloso, senza aver ottenuto alcun risultato positivo. Neppure la morte di persone inermi e innocenti e la sofferenza di intere generazioni nate, vissute e morte in guerra, senza conoscere, in tutta la loro esistenza un momento di pace, riescono a far prevalere il buon senso e il rispetto per la vita.

Come sempre, l'uomo è libero di scegliere, ma se sceglie la guerra ottiene la guerra; è solo scegliendo la pace che si ottiene la pace.

E' solo accettando e mettendo in pratica gli insegnamenti di Dio e della Chiesa che si possono ottenere risultati positivi qui... oggi.

6°. La fedeltà coniugale
(Non commettere adulterio)

Al sesto punto del Decalogo, Dio detta a Mosè*: "Non commettere adulterio".* (*Es 20,14 – Dt 5,18*). Facendo mente locale ai discorsi che sento quasi quotidianamente e a quello che mi capita spesso di leggere, mi è sorta una domanda: oggi la gente, i giovani in particolare, sanno che cosa è l'adulterio? Io credo che siano pochi quelli che lo sanno veramente. O, per lo meno, che conoscono bene le conseguenze dell'adulterio.

Partiamo allora dalle origini, cioè dal momento della creazione: "*Poi il Signore Dio disse: non è bene che l'uomo sia solo; gli voglio fare un aiuto che gli sia simile…Per questo l'uomo abbandonerà suo padre e sua madre e si unirà a sua moglie e i due saranno una sola carne.*" (*Gn 2,18*).

Successivamente Gesù ricorda agli Israeliti che*: "All'inizio della creazione Dio li creò maschio e femmina; per questo l'uomo lascerà suo padre e sua madre, e i due saranno una carne sola. Sicché non sono più due ma una sola carne. L'uomo dunque non separi ciò che Dio ha congiunto".* (*Mc 10, 6-9*)

E aggiunge: "*Avete inteso che fu detto: non commettere adulterio, ma io vi dico: chiunque guarda una donna per desiderarla, ha già commesso adulterio con lei nel suo cuore*" (*Mt 5, 27-28*).

Condannando l'adulterio, Dio prima e Gesù dopo, intendono proteggere *l'istituto del matrimonio, uno e indissolu-*

bile, in quanto sanno molto bene che questo è il modo migliore per garantire ai coniugi e ai figli tranquillità, sicurezza e serenità. Gesù si rivolge direttamente agli uomini, ma è sottinteso che quello che dice vale anche per le donne. E la sottolineatura non è priva di significato tenuto conto di quello che succede attualmente, dove spesso è la donna che prende l'iniziativa; e i danni che provoca una donna che si innamora dell'uomo sbagliato sono più gravi di quelli che normalmente provoca l'infedeltà maschile.

Spendiamo due parole sul matrimonio, premessa indispensabile perché esista l'adulterio. La nascita della coppia è un atto creativo di Dio, è Dio stesso che originariamente crea una nuova entità uomo-donna, che ha la sua espressione più profonda nell'unione fisica realizzata nel quadro armonico del contratto nuziale, cioè del matrimonio, dove i coniugi si promettono reciproco amore, donazione *e fedeltà* per tutta la vita.

La Chiesa, che ha come compito quello di tradurre e tramandare nel tempo il messaggio divino, è anch'essa molto chiara in proposito e ai paragrafi n. 2380 e 2381 del Catechismo colloca l'adulterio fra le offese alla dignità del matrimonio e recita: *"L'adulterio designa l'infedeltà coniugale... Il sesto comandamento e il Nuovo Testamento proibiscono l'adulterio in modo assoluto... L'adulterio è un'ingiustizia: chi lo commette viene meno agli impegni assunti. Ferisce il vincolo matrimoniale, lede i diritti dell'altro coniuge, e attenta l'istituto del matrimonio, violando il contratto che lo fonda. Compromette il bene della generazione umana e dei figli, i quali hanno bisogno dell'unione stabile dei due genitori."*

La svalutazione della gravità dell'adulterio e la generale,

bonaria ma pericolosa, accettazione con cui si guardano i rapporti sessuali fuori dal matrimonio, dipendono dalla disgregazione dei tre elementi fondativi di una vera coppia: la coscienza del desiderio di due esseri, simili ma diversi, di mettersi in comunione (non è bene che l'uomo sia solo), la formazione di una nuova personalità: *la coppia* attraverso l'unione totale e quindi anche fisica dei corpi (i due saranno una carne sola) la volontà di partecipare all'opera creatrice di Dio attraverso la procreazione (crescete e moltiplicatevi). I tre elementi appena descritti possono essere tutti presenti solo là dove il rapporto è vissuto come: *totale, esclusivo e stabile*.

L'unione fisica e spirituale è, nelle intenzioni di Dio, un sì definitivo detto all'altro e, nello steso tempo, un assumersi la responsabilità di essere compagno dell'altro, cioè di colui con il quale si condivide il pane quotidiano.

In tutti i casi, all'infuori del matrimonio come Dio lo ha previsto, almeno uno di questi elementi manca.

Oggi su questo tema la confusione è pressoché totale. Molte volte mi è capitato di leggere le lettere che i lettori o le lettrici inviano ai direttori o ai consulenti specializzati nelle questioni di: cuore, amore, sessualità, relazioni, ecc. di cui le riviste che vanno per la maggiore sono piene. In quelle lettere, una domanda ricorrente, è, più o meno, la seguente: *"Sono pazzamente innamorata di un uomo sposato, lui dice di non essere felice con la propria moglie e mi ha più volte promesso di lasciarla, ma ogni volta che gli chiedo di farlo davvero tergiversa, dice che pensa a lei, ai suoi figli che ne soffrirebbero, e non si decide mai. Che cosa devo fare?"*
Non occorre essere laureati in psicologia o sociologia o

in qualsiasi altra scienza, per saper dare all'interessata una risposta netta e chiara del tipo: *"Cara signorina (o signora, nel qual caso la situazione è ancora più grave perché le persone offese sono due) lasci perdere. Anzi, dal momento che ha saputo che il suo innamorato era sposato, ha già perso troppo tempo inutilmente"*.

Un uomo sposato non è più un uomo libero e una donna sposata non è più una donna libera.

E' una persona che ha fatto una promessa solenne ad un'altra persona: la promessa di esserle fedele per sempre. La rottura di questa promessa provoca dolore, molto dolore, alla persona che subisce l'infedeltà. Senza sottovalutare il danno, certo e documentato, che la rottura di una famiglia crea ai figli, soprattutto se piccoli. Nel momento in cui una persona sa che il proprio partner ha già degli impegni dovrebbe porre, non al giornale, ma alla sua coscienza, una domanda molto semplice: posso cercare di costruire la mia felicità, attraverso l'infelicità di un'altra o di altre persone? La risposta può essere una sola: no!

L'esperienza, tra l'altro, ci ricorda che un amore romantico contrastato divampa e acceca, diventando apparentemente irresistibile e creando una sensazione di tipo delirante che fa pensare che senza quella persona la vita si spegne. Attenzione, però, Anna Karenina presa da un innamoramento folle rompe con la sua famiglia e scappa in Italia con il suo amante. Dopo un anno si butta sotto il treno, perché l'amore solo romantico, quando non è più contrastato, si spegne. E cominciano i guai.

La risposta: *"Queste cose non si fanno"* risolve il problema alla radice, senza se e senza ma. Insegnare ai ragazzi questo tipo di risposte di fronte a certe situazioni è senz'altro più efficace e utile del banale "sesso sicuro". Anche in questi casi, quelli che sembrano divieti, vincoli, costrizioni, non sono altro che *istruzioni per l'uso.*

Evitare l'adulterio, infatti, significa evitare di dare dolore a se stessi e agli altri.

Il perché di certi comportamenti sbagliati è sempre lo stesso: abbiamo perso la bussola. I modernismi, le fughe in avanti e i falsi maestri non aiutano; al contrario portano fuori strada e creano confusione e… infelicità; quando, invece, siamo fatti per essere felici qui…oggi. Anche in questo caso i conti tornano.

7°. La proprietà privata e pubblica
(Non rubare)

Settimo: non rubare. E' una frase molto usata. Molti ne conoscono la provenienza; ma qualcuno, probabilmente fra i più giovani, neppure sa che corrisponde al settimo comandamento del Decalogo. Non rubare vuole dire essenzialmente due cose.

In primo luogo proibisce di prendere o di tenere ingiustamente i beni degli altri.

In secondo luogo, definisce *la legittimità della proprietà privata* dei beni materiali.

Se io non devo e non posso appropriarmi dei beni del mio prossimo, significa che lui ha il diritto di tenerli e di conservarli e io devo rispettare questo suo diritto. Allo stesso modo, se il bene è mio, gli altri devono rispettare questo mio diritto.

Il problema si pone, ma è di facile soluzione, quando andiamo a vedere a che titolo io possiedo il bene. Se me lo sono guadagnato con il mio lavoro, o se mi è stato legittimamente donato, non ci sono problemi; se invece ho fatto violenza a qualcuno oppure ho leso i diritti del mio prossimo allora la cosa cambia radicalmente. E la proprietà diventa illegittima.

Il concetto di proprietà privata, pur sacrosanto, va tuttavia completato con qualche altra argomentazione. Il cuore dell'uomo desidera spesso beni e sostanze dal cui possesso ritiene di ricavare ricchezza e felicità.

Gesù, saggiamente, ci mette in guardia dall'essere vittime di questo desiderio: *"Non accumulatevi tesori sulla terra, dove tignola e ruggine consumano e dove ladri scassinano e rubano; accumulatevi invece tesori nel cielo dove né tignola né ruggine consumano, e dove ladri non scassinano e non rubano" (Gv 6,19-20).*

"Che giova infatti all'uomo guadagnare il mondo intero, se poi perde la propria anima?"
(Mc 8,36)

Ecco allora come usare nel modo giusto i beni terreni.

San Giovanni Paolo II ricorda che: *"Dio ha creato la terra e l'uomo, e all'uomo ha dato la terra perché la domini col suo lavoro e ne goda i frutti (Gen 1,28-29). Dio ha dato la terra a tutto il genere umano, perché essa sostenti tutti i suoi membri, senza escludere né privilegiare nessuno. E' qui la radice dell'universale destinazione dei beni della terra" (Centesimus annus. par.31)*

E il Catechismo della Chiesa Cattolica ai punti 2402 e segg. recita: *"Dall'inizio, Dio ha affidato la terra e le sue risorse alla gestione comune dell'umanità. Affinché se ne prendesse cura, la dominasse con il suo lavoro e ne godesse i frutti. I beni della creazione sono destinati a tutto il genere umano. Tuttavia la terra è suddivisa tra gli uomini perché sia garantita la sicurezza della loro vita…la sicurezza delle persone…il soddisfacimento dei bisogni fondamentali propri e delle persone di cui si ha responsabilità."*

L'uomo, perciò, deve considerare le cose che legittimamente possiede non solo come proprie, ma anche come comuni, nel senso che debbono giovare non unicamente a lui, ma anche agli altri. La proprietà di un bene fa di colui che lo possiede *un amministratore della Provvidenza,* che glielo ha affidato per farlo fruttare e spartire i frutti anche con gli altri.

Il bravo imprenditore non è quello che pensa solo a massimizzare il suo profitto, ma quello che si cura e si preoccupa delle persone che lavorano per lui e con lui, della società civile in cui vive e dell'ambiente che lo circonda.

In ossequio al settimo comandamento avrà cura di dare la giusta mercede agli operai, nei modi e nei tempi previsti dalle leggi, di pagare puntualmente i propri fornitori, di onorare i propri debiti e di non frodare alcuno nella sua attività imprenditoriale. Parallelamente, il bravo dipendente è quello che svolge bene il proprio lavoro e tratta i beni che gli sono affidati con onestà e correttezza.

Il Catechismo della Chiesa Cattolica, al punto 2406 continua: *"L'autorità politica ha il diritto e il dovere di regolare il legittimo esercizio del diritto di proprietà in funzione del bene comune"*.

Questo riferimento all'autorità politica mi dà lo spunto per due considerazioni.

La prima riguarda uno slogan abbastanza diffuso in un recente passato da una certa parte politica: *"La proprietà privata è un furto"*. Abbiamo appena visto che non è assolutamente vero. La proprietà privata, se legittimamente procurata e detenuta, è un diritto sacrosanto e come tale va tutelato e regolamentato.

Nello stesso tempo, però, occorre tenere presente che è Dio che ci ha donato tutti i beni di cui possiamo disporre. Tutti, allora, abbiamo il dovere di avere sempre presente *la destinazione universale dei beni del creato* e il migliore uso della nostra libertà consiste nell'amministrarli con amore e attenzione anche verso le necessità degli altri uomini, nostri fratelli.

La seconda considerazione riguarda il dovere per i cittadini di obbedire alle giuste leggi che l'autorità civile emana per soddisfare e organizzare i diritti e i bisogni collettivi.

La prima, fra queste leggi, è quella che impone di pagare le tasse. Non pagare le tasse è un furto? Sì!

E' una mancanza grave verso la comunità intera, è un privare le pubbliche autorità di quei mezzi necessari per il buon funzionamento della pubblica amministrazione che ha importanti compiti da svolgere e che non può operare senza adeguate risorse.

I pubblici poteri hanno quindi il diritto di imporre imposte. Gesù stesso lo ha riconosciuto quando ha detto: " *Rendete a Cesare ciò che è di Cesare e a Dio ciò che è di Dio." (Mc 12, 13-17).*

Dicendo questo, ha riconosciuto a Cesare il diritto di chiedere un tributo, ma gli ha anche imposto di determinare bene quello che è suo, rispetto a quello che è di Dio o dei singoli individui. Una autorità pubblica prepotente, vessatoria, corrotta perde la sua legittima autorità e diventa dannosa per l'intera comunità.

Non solo, all'Autorità o meglio ancora agli uomini che esercitano l'autorità, per il fatto stesso di essere responsabili del bene comune, spetta anche il compito di *emanare leggi giuste ed eque*, dove ai doveri dei cittadini siano contrapposti anche quelli della Pubblica Amministrazione.

Lo Stato ha il *diritto* di imporre le tasse, ma ha poi il *dovere* di spendere bene le somme ricevute. Il cittadino ha il dovere di pagare le imposte, ma ha anche il diritto di ricevere servizi adeguati.

Entrambi: Stato e cittadini devono rispettare le leggi e comportarsi in modo onesto e corretto. Per esempio, non è corretto evadere le tasse, ma non è corretto né morale, che uno Stato imponga ai suoi cittadini di pagare puntualmente quanto dovuto, e poi lo Stato non faccia altrettanto quando è debitore verso alcuni suoi cittadini, non pagandoli con la stessa puntualità che pretende da loro.

Rientrano nelle mancanze gravi contro il settimo comandamento, anche: la *corruzione* (pagare qualcuno per avere fraudolentemente un beneficio indebito), la *concussione* (sfruttare la propria posizione di pubblica autorità per pretendere un compenso non dovuto) e *l'usura* (pretendere dai propri debitori interessi esagerati). Sono fatti purtroppo abbastanza frequenti nella società odierna e sono fonte di ingiustizie e disagi per molti.

Come sarebbe bello se ognuno rispettasse i diritti e le cose degli altri, se le autorità, private e pubbliche, fossero oneste e corrette, se stato e cittadini osservassero le leggi.

Sembra il finale di una bella favola, invece non è altro che il risultato dell'applicazione quotidiana delle istruzioni che Dio ci ha dato per rendere la vita bella… qui… oggi.

8°. La verità.
(Non dire falsa testimonianza)

Ho letto recentemente la *Dichiarazione universale dei diritti dell'uomo* approvata dall'Onu nel 1948 e, con una certa sorpresa, ho notato che dei 30 articoli che la compongono uno solo, il 29°, parla dei doveri degli individui, in un modo fra l'altro molto sintetico e sbrigativo. Si limita infatti a dire che*: "Ogni individuo ha dei doveri verso la comunità... Nell'esercizio dei sui diritti e delle sue libertà, ognuno deve essere sottoposto soltanto a quelle limitazioni che sono stabilite dalla legge per assicurare il riconoscimento e il rispetto dei diritti e delle libertà degli altri...".*

A mio avviso sarebbe molto bello e certamente renderebbe il tutto più completo adottare, insieme alla Dichiarazione universale dei diritti dell'uomo, una Dichiarazione sulla universalità dei principi e dei comportamenti proposti dal Decalogo. E definire formalmente il Decalogo come: *Patrimonio Comune, Spirituale e Morale dell'Umanità.*

In attesa che questo avvenga, torniamo alla Dichiarazione attuale, in sintesi 29 diritti e quasi nessun dovere. Come documento universale mi sembra un po' limitato, nessun accenno neppure a quello che potrebbe e, a mio avviso, dovrebbe essere considerato un diritto/dovere primario di tutti e verso tutti: *la verità* nei rapporti interpersonali.

Perché sottolineo questa mancanza?

Perché la verità consiste nel mostrarsi sinceri nel fare e nel dire, nel descrivere e nel comunicare fatti e circostanze, così come sono realmente accaduti, senza modificarne o alterarne la sostanza a proprio vantaggio o piacimento.

Il contrario della verità è la *menzogna,* che consiste nel dire il falso con l'intenzione di ingannare il prossimo il quale ha diritto alla verità che, in questo modo, gli viene negata. Si possono assimilare alla menzogna anche *la doppiezza, la simulazione e l'ipocrisia.*

Gli effetti della menzogna sono devastanti.

La menzogna, infatti, è una autentica violenza fatta all'altro. Lo colpisce nella sua capacità di conoscere che è la prima condizione per poter esprimere un giudizio e conseguentemente prendere una decisione. E' dannosa per ogni società in quanto scalza e annulla la fiducia tra gli uomini e lacera il tessuto delle relazioni umane e sociali. Se un collaboratore, un amico, un politico mente, come posso fidarmi di lui? Saltano tutti i rapporti.

Già San Tommaso d'Aquino nella sua Summa Teologica diceva: *"Sarebbe impossibile la convivenza umana se gli uomini non avessero confidenza (fiducia) reciproca, cioè se non si dicessero la verità".*

La vita di tutti i giorni conferma quanto appena affermato. Faccio solo un esempio fra i tanti che potrei citare: il caso *Parmalat.* I fatti sono noti da tempo. In sintesi è successo che il proprietario dell'azienda, quando si è accorto che questa era in difficoltà, ha cominciato a dire bugie, ha cominciato a mentire, sia lui che i suoi più stretti collaboratori.

Ha presentato una realtà diversa da quella che era veramente, ha tratto in inganno una miriade di persone e di istituzioni e ha provocato il danno che tutti conosciamo: molti miliardi di perdite per tutti. Era sufficiente essere più umili e più sinceri, cercare da subito una soluzione *onesta* e, se la situazione era già irrimediabilmente deteriorata, chiudere l'azienda utilizzando tutti i mezzi leciti che la legge prevedeva. Il danno sarebbe stato infinitamente più piccolo.

Bastava, in sostanza, ricordare che cosa dice l'ottavo Comandamento: *Non dire falsa testimonianza,* cioè *non dire bugie.*

Esattamente come i genitori saggi dicono ai bambini quando cominciano a crescere: *"Mi raccomando non dire bugie"* e opportunamente aggiungono: *"Ricordati che le bugie hanno le gambe corte, prima o poi vengono scoperte e allora sono guai".*

Ecco, sono guai! E molto spesso guai seri.

Come sempre, i Comandamenti non ci dettano regole impossibili da praticare , ma ottimi insegnamenti per vivere bene, per evitare i danni e i guai provocati da comportamenti scorretti.

E Gesù, cosa dice in proposito?

"Sia il vostro parlare: sì! sì!, no! no!" (Mt 5,37) e ancora:

"E' la verità che vi farà liberi" (Gv 8,32).

Come sono vere queste affermazioni e come sarebbe bella una società dove, quando una persona parla, non occorre pensare, come succede troppo spesso oggi: mi sta dicendo la verità o una bugia? Perché si sarebbe certi che ha detto la verità.

Oppure, quando si legge un giornale, poterlo leggere convinti che i fatti che descrive si sono svolti veramente in quel modo e non sono, invece, la rappresentazione o magari l'interpretazione di chi scrive.

Visto che ho toccato il tasto della comunicazione vorrei

ricordare che: *"L'informazione, attraverso i mass-media è al servizio del bene comune. La società ha diritto ad una informazione fondata sulla verità... Il retto esercizio di questo diritto richiede che la comunicazione nel suo contenuto sia sempre vera e, salve la giustizia e la carità, integra, inoltre rispetti scrupolosamente le leggi morali, i legittimi diritti e la dignità dell'uomo..."* (Conc.Ec.Vat.II).

E il 22 marzo 2014 papa Francesco, a proposito dei media, tv, radio, stampa... ha detto: *"Per me, i peccati dei media, i più grossi, sono quelli che vanno sulla strada della bugia, della menzogna e sono tre: la disinformazione, la calunnia e la diffamazione. Queste due ultime sono gravi! Ma non tanto pericolose come la prima. Perché? Vi spiego. La calunnia è peccato mortale, ma si può chiarire e arrivare a conoscere che quella è una calunnia. La diffamazione è peccato mortale ma si può arrivare a dire: questa è un'ingiustizia perché questa persona ha fatto quella cosa in quel tempo, poi si è pentita, ha cambiato vita. Ma la disinformazione è dire la metà delle cose, quelle che sono per me più convenienti e non dire l'altra metà. E così, quello che vede la tv, o quello che sente la radio, non può farsi un giudizio perfetto perché non ha gli elementi e non glieli danno. Da questi tre peccati, per favore, fuggite. Disinformazione, calunnia e diffamazione".*

La conclusione non può che esser la solita: il Decalogo, Gesù, la Chiesa ci insegnano a dire sempre la *verità* e questo ci fa vivere bene... qui... oggi... sempre.

9° e 10°. La temperanza.
(Non desiderare la donna... la roba d'altri)

Di volta in volta, abbiamo esaminato, molto sinteticamente, le indicazioni e gli avvertimenti che Dio ci ha dato, attraverso Mosè, Gesù e la Chiesa per vivere bene ed essere felici.

Siamo partiti rispondendo alle domande essenziali di qualsiasi essere umano: *Chi mi ha fatto? Perché sono a questo mondo? Che cosa devo fare e che cosa non devo fare per vivere bene con me stesso e con gli altri?* Abbiamo visto che le risposte più ragionevoli ed efficaci per la nostra vita sono quelle che ci hanno insegnato da bambini. E cioè.

Ci ha creato Dio. E' molto più ragionevole credere che siamo stati creati da una intelligenza perfetta che pensare che siamo nati dal *caos* o dal *brodo primordiale*.

"Dio ci ha creati per conoscerlo, amarlo, servirlo, amando Lui e il nostro prossimo in questa terra, per poi goderlo in Paradiso" (Catechismo della Chiesa Cattolica).

Come abbiamo già visto e detto, per aiutarci a conoscerlo, amarlo e servirlo, in sostanza, per aiutarci a vivere bene, Dio ci ha dettato *le Regole del gioco*, *le Istruzioni per l'uso*: ci ha dato *il Decalogo*.

Per essere certo che tutto fosse chiaro e praticabile, alla fine del Decalogo, Dio con il nono ed il decimo comandamento: *"Non desiderare la donna d'altri"* e *"Non desiderare la roba d'altri"*, ci dà un suggerimento pratico sul come comportarci per rispettare i suoi insegnamenti.

Infatti, come resistere alle tentazioni di una vita sessuale ingorda e disordinata, con tante occasioni che quotidiana-mente ti si presentano davanti? E come fare a resistere alla tentazione di appropriarsi della roba degli altri che, magari, ne hanno tanta e tu poca o niente? E le domande potrebbero continuare per molto.

Per Dio, però, è sempre tutto molto semplice, lineare e conseguente. Se vuoi evitare di essere tentato dal compiere atti di cui poi potresti pentirti, evita di desiderare persone o cose non tue. Non metterti nelle condizioni di dovere fare fatica a resistere alla tentazione.

Ma allora è peccato anche solo desiderare? Assoluta-mente no! Sia per il nono che per il decimo comandamento i desideri non sono automaticamente peccato. Dio non è così severo da vietarci di apprezzare il valore della bellezza delle persone e delle cose. Tutt'altro.

Il desiderio, quando è buono e onesto, è una fonte di energia e di progresso, perché ogni cosa fatta nasce dalla volontà di farla e di farla bene. Il desiderio di migliorare la propria condizione economica o sociale, per esempio, è un desiderio assolutamente positivo. Il problema nasce quando questo desiderio ci porta alla esagerazione, a volerlo realiz-zare a tutti i costi, spesso senza neppure pensare se è un desiderio onesto, oppure dannoso, per il nostro prossimo. Per evitare i rischi di un desiderio smodato ci viene in aiuto *la temperanza.*

La temperanza, infatti, è quella virtù che ci insegna ad usare i beni materiali e spirituali entro i limiti indicati da Dio.

Una parte integrante della temperanza è il *pudore,* dei sentimenti e del corpo. Il pudore dei sentimenti preserva e protegge l'intimità della persona e consiste nel rifiuto di svelare ciò che è, e deve rimanere, privato e riservato. Il pudore custodisce il mistero delle persone e del loro amore; suggerisce la pazienza e la moderazione nella relazione amorosa. Richiede che siano rispettate le condizioni del dono e dell'impegno definitivo dell'uomo e della donna fra loro.

Oltre al pudore dei sentimenti, esiste anche un pudore del corpo che insorge, per esempio, contro l'esposizione esagerata del corpo umano in funzione di una curiosità morbosa o di esasperati e immotivati fini pubblicitari, che oggi sono un luogo comune.

La odierna permissività dei costumi si basa su una erronea concezione della libertà umana. Un corretto senso del pudore, invece, aiuta a resistere alle suggestioni delle mode e alle pressioni delle ideologie dominanti. Accanto all'invito ad un corretto esercizio dei desideri, i due comandamenti ci mettono in guardia anche contro *ingordigia e invidia*.

Dio infatti ci raccomanda di non desiderare a tale punto le persone o le cose altrui fino a volercene appropriare anche senza averne diritto. Guai a chi è avido e ingordo. A chi pensa solo per sé, convinto che tutto gli sia dovuto e lecito. E guai anche a chi si fa dominare dall'*ingiustizia* o dall'*invidia*; quest'ultima, in particolare, produce la tristezza che si prova davanti ai beni altrui e il desiderio smodato di appropriarsene anche in maniera indebita.

L'invidioso è sempre triste, non è mai soddisfatto di quello che ha e, di conseguenza, vive male, fa vivere male chi gli sta vicino e arriva ad augurare il male al suo prossimo.

Sant'Agostino diceva: *"Dall'invidia nascono l'odio, la*

maldicenza, la calunnia, la gioia causata dalla sventura del prossimo, e il dispiacere per la sua fortuna".

La Buona Novella di Gesù Cristo rinnova continuamente la vita e la cultura dell'uomo, aiuta a rimuovere gli errori e i mali derivanti dalla sempre minacciosa seduzione del peccato.

Il Decalogo che Dio ci ha dettato ci guida verso una vita rispettosa della Sua volontà e premurosa verso il nostro prossimo e per questo serena e gioiosa... qui... oggi.

Punti fermi

Siamo arrivati alla fine del nostro cammino, abbiamo concluso l'esame delle indicazioni del Decalogo e ogni volta abbiamo dovuto constatare che... credere fa vivere bene... qui... oggi.

Abbiamo toccato con mano che quello che Gesù afferma, a proposito del centuplo su questa terra, corrisponde a verità.

A questo punto vorrei sottolineare *quattro punti fermi*, fondamentali e ricorrenti, emersi nel corso di queste riflessioni.

Per descrivere bene i primi tre uso le parole di un amico, l'ingegner Pippo Corigliano che nel suo libro "Preferisco il Paradiso", edito da Mondadori, alla pagina 21, afferma: *"L'esistenza di Dio per me non era scontata. Avevo studiato tanti tipi di teorie, dal Dio orologiaio che crea il mondo e lo lascia andare avanti senza interessarsene, fino all'Assoluto che si realizza nella storia. L'ultima ipotesi in voga, e lo è tuttora, era che Dio non esisteva ma c'era solo il caso. Tutto nasceva dal caso. Mi fermai a riflettere e vidi che la cosa non mi convinceva. Lo splendore della natura e la complessità dell'uomo... frutto del caso? E se anche fosse, chi aveva dato alla realtà caotica iniziale la capacità di diventare il mondo che vedo? Anche nell'ipotesi del caso, Dio spuntava fuori. e questo fu* <u>*il primo punto fermo: Dio c'è*</u>*.*

<u>*Secondo punto fermo: Gesù.*</u> *Di nessun personaggio della storia antica c'è una simile abbondanza e una coralità di testimonianze sulla Sua esistenza e sul Suo insegnamen-*

to. Ebbene Gesù affermava di essere il Figlio di Dio e di essere Lui stesso Dio. I casi sono due: o era un esaltato o era davvero ciò che diceva. Mi sembrò evidente che Gesù non fosse un esaltato. Più leggevo i Vangeli e più mi convincevo che Gesù fosse veramente il Figlio di Dio fatto uomo.

<u>*Terzo punto fermo: la Chiesa.*</u> *Come possono dodici uomini semplici, pieni di miserie, come gli apostoli di Gesù, sconvolgere il mondo intero? E' evidente che c'è l'azione di Dio in loro. Davanti alle rovine di Hiroshima è chiaro che è esplosa una bomba atomica, e così davanti all'esplosione della fede che continua da duemila anni, è impossibile negare che ci sia stato un intervento dello Spirito Santo. Questi sono stati i tre punti da cui sono partito. Negli anni ho approfondito, pregato, riflettuto, ma questi punti restano come sostegno della mia fede".*

Su questo terzo punto mi viene spontanea anche un'altra considerazione che ho maturato, qualche anno fa, leggendo alcune pagine del vangelo.

Gli apostoli si aspettavano un re, un conquistatore, uno che avrebbe liberato Israele dal giogo romano. Gesù infatti sembrava un eroe eccezionale, l'avevano visto fare miracoli di ogni genere: resuscitava i morti, moltiplicava pani e pesci, dava la vista ai cechi, guariva ammalati e indemoniati continuamente, era logico aspettarsi gloria e ricchezze.

Poi un giorno il loro Maestro, come lo chiamavano, viene arrestato, processato, condannato ad una morte ignominiosa sulla croce, viene crocifisso e muore.

C'è da impazzire!

Cosa è successo? Perché non si è difeso? Perché non ha compiuto un miracolo? Perché?... Perché ?

Tutte domande senza risposta, i sogni di gloria svaniscono e il morale va a pezzi.

Avvilimento generale e totale.

Poi la notizia: *Gesù è risorto!*

Allora è davvero il Figlio di Dio!

Giunge la Pentecoste: scende sugli apostoli lo Spirito Santo. Di colpo queste persone semplici e umili si trasformano, cominciano a predicare, vanno in giro per il mondo, testimoniano, anche con la loro vita, quello che Cristo ha loro insegnato e che ha detto di trasmettere: *"E' necessario che il Vangelo sia proclamato a tutte le genti" (Mc, 13, 10).* E ancora: *"Andate in tutto il mondo e predicate il Vangelo ad ogni creatura" (Mc, 16, 15).*

Undici persone, anzi dodici con Mattia che, nel frattempo, aveva preso il posto di Giuda ed era presente il giorno della Pentecoste semplici, umili e timorose che *diventano i fondatori della Chiesa.*

Fatto assolutamente assurdo, incomprensibile e, soprattutto impossibile, se si esclude un intervento divino.

Quarto e ultimo punto fermo.

Il messaggio primo e ultimo di Gesù: *il comandamento dell'amore,* quello che a volte viene chiamato impropriamente l'undicesimo Comandamento.

Rispondendo alla domanda: *"Qual è il più grande comandamento della Legge?",* Gesù afferma in modo diretto e inequivocabile: *"Amerai il Signore Dio tuo con tutto il cuore, con tutta la tua anima e con tutta la tua mente. Questo è il più grande e il primo dei comandamenti. E il secondo è simile al primo: amerai il prossimo tuo come te stesso. Da questi due comandamenti dipende tutta la Legge" (Mt 22,36).*

Quest'ultima affermazione dà conclusione a tutta la

teologia del ragioniere: *amare Dio e amare il prossimo.*

Credere e avere fiducia in Dio Padre che ci ha creati, che ci ha indicato la strada da seguire e che ci assiste continuamente, è il modo migliore per vivere bene... qui... oggi.

Concilio Vaticano II
Gaudium et Spes

"4. Mai il genere umano ebbe a disposizione tante ricchezze, possibilità e potenza economica, e tuttavia una grande parte degli uomini è ancora tormentata dalla fame e dalla miseria, e intere moltitudini sono ancora interamente analfabete. Mai come oggi gli uomini hanno avuto un senso così acuto della libertà e intanto si affermano nuove forme di schiavitù sociale e psichica...

Immersi in così contrastanti condizioni moltissimi nostri contemporanei non sono in grado di identificare realmente i valori perenni e di armonizzarli dovutamente con quelli che man mano si scoprono...

7. Il cambiamento di mentalità e di strutture spesso mette in causa i valori tradizionali, soprattutto tra i giovani... Spesso genitori e educatori si trovano per questo, ogni giorno, in maggiori difficoltà nell'adempimento del loro doveri.

A differenza dei tempi passati, negare Dio o la religione, o farne praticamente a meno, non è più un fatto insolito o individuale. Oggi infatti non raramente viene presentato come esigenza del progresso scientifico o di un nuovo tipo di umanesimo... cosicché molti ne risultano disorientati.

10. In verità gli squilibri di cui soffre il mondo contemporaneo si collegano con quel più profondo squilibrio che è radicato nel cuore dell'uomo...Da una parte, infatti come creatura , esperimenta in mille modi i suoi limiti; d'altra parte, si accorge di essere senza confini nelle sue aspirazioni e chiamato ad una vita superiore.

*Con tutto ciò, di fronte all' evoluzione del mondo diven-
tano sempre più numerosi quelli che si pongono o sentono
con nuova acutezza gli interrogativi capitali: cos'è l'uomo? Qual è il significato del dolore, del male, della morte,
che malgrado ogni progresso continuano a sussistere?...
Che cosa ci sarà dopo questa vita?*

*Ecco: la Chiesa crede che Cristo, per tutti morto e
risorto, dà sempre all'uomo, mediante il suo Spirito, luce
e forza per rispondere alla suprema sua vocazione; né è
dato agli uomini in terra un altro nome in cui possono
salvarsi.*

*La Chiesa sa che <u>sotto tutti i mutamenti c'è qualcosa che
non cambia</u>... Crede fermamente di trovare nel suo Signore
e Maestro, la chiave, il centro e il fine dell'uomo, nonché
di tutta la storia umana.*

*Inoltre la Chiesa afferma che al di là di tutto ciò che
muta, <u>stanno realtà immutabili</u> ed esse trovano fondamento
in Cristo che è sempre lo stesso: ieri, oggi e nei secoli."*

Ecco. Come abbiamo più volte visto e ripetuto:
qui...oggi ...e sempre.

Due delle *realtà immutabili* a cui fa riferimento il Concilio sono *il Decalogo e il Comandamento dell'amore*,
attraverso i quali ci viene detto, molto bene, quello che
dobbiamo e possiamo fare per vivere bene qui... adesso e
sempre.

Il Decalogo nel corso dei secoli

Mosè - *XIII Secolo avanti Cristo*

Mosè spiega agli Ebrei che il Signore ha dato la Sua legge per rendere felice il Suo popolo e che la stessa non è né troppo alta né troppo bassa, ma vicina a tutti, affinché tutti, applicandola, possano vivere nella gioia:

"Il Signore tuo Dio ti farà sovrabbondare di beni in ogni lavoro delle tue mani, nel frutto delle tue viscere, nel frutto del tuo bestiame e nel frutto del tuo suolo;
perché il Signore gioirà di nuovo per te facendoti felice, come gioiva per i tuoi padri,
quando obbedirai alla voce del Signore tuo Dio, osservando i suoi comandi e i suoi decreti, scritti in questo libro della legge...
Questo comando che oggi ti ordino non è troppo alto per te, né troppo lontano da te.

Non è nel cielo perché tu dica: " Chi salirà per noi in cielo per prendercelo e farcelo udire, affinché possiamo eseguirlo?"

Non è di là dal mare, perché tu dica:"Chi attraverserà per noi il mare, per prendercelo e farcelo udire, affinché possiamo eseguirlo?"
Anzi questa parola è molto vicina a te, è nella tua bocca e nel tuo cuore, perché tu la metta in pratica".

Deuteronomio
(30,10-14)

Davide - *XI / X Secolo avanti Cristo*

Davide ricorda che la Legge del Signore è perfetta e che i precetti del Signore fanno gioire il cuore.

I Precetti del Signore fanno
gioire il cuore.

I cieli narrano la gloria di Dio,
e l'opera delle sue mani annunzia il firmamento.

La legge del Signore è perfetta,
rinfranca l'anima;
la testimonianza del Signore è verace,
rende saggio il semplice.

Gli ordini del Signore sono giusti,
fanno gioire il cuore;
i comandi del Signore sono limpidi,
danno luce agli occhi.

Il timore del Signore è puro, dura sempre;
i giudizi del Signore sono tutti fedeli e giusti,
più preziosi dell'oro, di molto oro fino,
più dolci del miele e di un favo stillante.

Davide
(salmo 19)

Papa Francesco - *XXI secolo dopo Cristo*

Papa Francesco nella sua prima enciclica *Lumen fidei* ricorda l'importanza e la perenne attualità e validità del Decalogo, come via e strumento *(insieme...di indicazioni concrete)* per raggiungere la vera gioia, terrena ed eterna.

"E' altrettanto importante, inoltre, la connessione tra la fede e il Decalogo.

La fede, abbiamo detto, appare come un cammino, una strada da percorrere, aperta dall'incontro con il Dio vivente. Per questo, alla luce della fede, dell'affidamento totale al Dio che salva, il Decalogo acquista la sua verità più profonda...

Il Decalogo non è un insieme di precetti negativi, ma di indicazioni concrete per uscire dal deserto dell'io autoreferenziale, chiuso in se stesso, ed entrare in dialogo con Dio." (Par.46)

Gesù Cristo - *Nella pienezza dei tempi*

Gesù durante la sua predicazione cita più volte la Legge, cioè il Decalogo, e ne conferma la validità. Ne raccomanda l'osservanza e la completa con il suo Comandamento nuovo.

" Non pensate che io sia venuto ad abolire la Legge o i Profeti; non sono venuto per abolire, ma per dare compimento. In verità vi dico: finché non siano passati il cielo e la terra, non passerà dalla legge neppure un iota o un segno, senza che tutto sia compiuto. Chi dunque trasgredirà uno solo di questi precetti, anche minimi, e insegnerà agli uomini a fare altrettanto sarà considerato minimo nel regno dei cieli. Chi invece li osserverà e li insegnerà agli uomini, sarà considerato grande nel regno dei cieli." (Mt 5, 17-19)

"Figlioli ancora per poco sono con voi... Vi do un comandamento nuovo: che vi amiate gli uni gli altri; come io vi ho amato, così amatevi anche voi gli uni gli altri. Da questo tutti sapranno che siete miei discepoli, se avrete amore gli uni per gli altri." (Gv 13, 33-35)

"Io sono la via, la verità e la vita" (Gv 14,6)

"Ed ecco un tale gli si avvicinò e gli disse: "Maestro che cosa devo fare per ottenere la vita eterna? Egli rispose...Se vuoi entrare nella vita osserva i comandamenti. Ed egli chiese: "Quali?" Gesù rispose: " Non uccidere, non commettere adulterio, non rubare, non testimoniare il falso, onora il padre e la madre, ama il prossimo tuo come te

stesso." (Mt 19,16-19)

"Come il Padre ha amato me, così anch'io ho amato voi. Rimanete nel mio amore. Se osserverete i miei comandamenti, rimarrete nel mio amore, come io ho osservato i comandamenti del Padre mio e rimango nel suo amore. <u>Questo vi ho detto perché la mia gioia sia in voi e la vostra gioia sia piena."</u> (Gv 15, 9-11)

...e per fare in modo che la nostra gioia sia piena ecco la ricetta del ragioniere:

"LA RICETTA DELLA GIOIA"

- Ingredienti: AMORE, verso Dio e verso il prossimo
- Dosi: nella massima quantità possibile
- Istruzioni: seguire le indicazioni del Decalogo

e quelle di Dante in versi:

*Siate, Cristiani, a muovervi più gravi:
non siate come penna ad ogni vento,
e non crediate ch'ogni acqua vi lavi.
Avete il novo e 'l vecchio Testamento,
e 'l pastor della Chiesa che vi guida:
questo vi basti a vostro salvamento.
Se mala cupidigia altro vi grida,
uomini siate, e non pecore matte, (...)*
(*Paradiso Canto V*)

E allora, buon cammino.

La chiesa - Il Decalogo nei testi sacri

Esodo *(20,2-17)*	Deuteronomio *(5,6-21)*	Formula catechistica
Io sono il Signore tuo Dio...	Io sono il Signore tuo Dio...	Io sono il Signore tuo Dio.
Non avrai altri dei di fronte a me...	Non avrai altri dei di fronte a me...	1) Non avrai altro Dio fuori di me.
Non pronuncerai invano il nome del Signore tuo Dio...	Non pronuncerai invano il nome del Signore tuo Dio.	2) Non nominare il nome di Dio invano.
Ricordati del giorno di sabato per santificarlo...	Osserva il giorno di sabato per santificarlo.	3) Ricordati di santificare le feste.
Onora tuo padre e tua madre...	Onora tuo padre e tua madre.	4) Onora tuo padre e tua madre.
Non uccidere.	Non uccidere.	5) Non uccidere.
Non commettere adulterio.	Non commettere adulterio.	6) Non commettere atti impuri.
Non rubare.	Non rubare.	7) Non rubare.
Non pronunciare falsa testimonianza contro il tuo prossimo.	Non pronunciare falsa testimonianza contro il tuo prossimo.	8) Non dire falsa testimonianza.
Non desiderare la casa del tuo prossimo. Non desiderare la moglie del tuo prossimo, né il suo schiavo, né la sua schiava, né il suo bue, né il suo asino, né alcuna cosa che appartenga al tuo prossimo.	Non desiderare la moglie del tuo prossimo. Non desiderare alcuna delle cose che sono del tuo prossimo.	9) Non desiderare la donna d'altri. 10) Non desiderare la roba d'altri.

Compendio del Catechismo della Chiesa Cattolica (pagg. 119 - 121)

Sintesi di verità
e indicazioni di vita cristiana

I dieci Comandamenti (il Decalogo)
Il Comandamento dell'amore:
quello insegnato da Gesù, perfezionamento
e sintesi del Decalogo.
"Vi do un comandamento nuovo: che vi amiate gli uni gli
altri. Come io ho amato voi, così amatevi anche voi gli
uni gli altri. Da questo tutti sapranno che siete miei
discepoli: se avete amore gli uni per gli altri."
(Gv 13,34-35)

Le Beatitudini (Mt 5,3-10)
Beati i poveri in spirito, perché di essi è il regno dei cieli.
Beati gli afflitti, perché saranno consolati.
Beati i miti, perché erediteranno la terra.
Beati quelli che hanno fame e sete di giustizia, perché
saranno saziati.
Beati i misericordiosi, perché troveranno misericordia.
Beati i puri di cuore, perché vedranno Dio.
Beati gli operatori di pace, perché saranno chiamati figli
di Dio.
Beati i perseguitati per causa della Giustizia, perché di
essi è il regno dei cieli…

I sette sacramenti
Battesimo. Cresima. Eucarestia. Penitenza. Unzione dei
malati. Ordine. Matrimonio.

I sette doni dello Spirito Santo
Sapienza. Intelletto. Consiglio. Fortezza. Scienza. Pietà.
Timor di Dio.

I frutti dello Spirito Santo
Amore. Gioia. Pace. Pazienza. Benevolenza. Bontà.
Fedeltà. Mitezza. Dominio di sé.

Le tre Virtù teologali
Fede. Speranza. Carità.

Le quattro Virtù cardinali
Prudenza. Giustizia. Fortezza. Temperanza.

Le sette opere di misericordia spirituale
Consigliare i dubbiosi. Insegnare agli ignoranti.
Ammonire i peccatori.
Consolare gli afflitti. Perdonare le offese. Sopportare
pazientemente
le persone moleste. Pregare Dio per i vivi e per i morti.

Le sette opere di misericordia corporale
Dare da mangiare agli affamati. Dare da bere agli
assetati. Vestire gli ignudi.
Alloggiare i pellegrini. Visitare gli infermi. Visitare i
carcerati. Seppellire i morti.

I sette vizi capitali
Superbia, Avarizia, Lussuria, Ira, Gola, Invidia, Accidia

Le Fonti

La Bibbia di Gerusalemme:
Vecchio Testamento
Nuovo Testamento
Concilio Ecumenico Vaticano II
Catechismo della Chiesa Cattolica
Dichiarazione universale dei diritti dell'uomo
Costituzione della Repubblica Italiana

Viste le numerose citazioni originali potremmo
dire che hanno "collaborato"

Sant'Agostino
San Tommaso d'Aquino
San Josemaria Escrivà de Balaguer
Papa Giovanni XXIII
Papa Paolo VI
Papa Giovanni Paolo II
Papa Benedetto XVI
Papa Francesco
Dante Alighieri
Alexis Carrel
Gilbert Chesterton
Pippo Corigliano
Fedor Dostoevskij
Albert Einstein
Don Primo Mazzolari
Matteo Richetti
Stefano Zamagni

Indice

Memorandum

Gianfranco Vanzini (Cattolica 1939). Ragioniere, laureato in Economia e commercio, prima dirigente bancario, poi direttore generale e amministratore delegato della Aeffe Spa di San Giovanni in Marignano (Rimini), è presidente della sezione di Rimini dell'Ucid (Unione Cristiana Imprenditori Dirigenti). Nel 2012 ha pubblicato "La teologia del ragioniere" e nel 2015 "Il Decalogo, guida per una vita felice".

Gianfranco Vanzini
Via Indipendenza, 16
47841 Cattolica
Tel. 339.3034210
francovanzini@alice.it

2016. Copyright
Edizioni la Piazza
47843 Misano Adriatico
Tel. 0541.611070
lapiazzarimini@libero.it

Euro 6

Finito di stampare nell'ottobre del 2016

www.ingramcontent.com/pod-product-compliance
Lightning Source LLC
Chambersburg PA
CBHW060651030426
42337CB00017B/2558